RENÉE MOUSSEAU

MON ENFANT MON AMOUR

Préface du
Professeur Jean Bernard

FRANCE LOISIRS
123, boulevard de Grenelle
75015 Paris

Édition du club France-Loisirs, Paris
avec l'autorisation des Éditions Balland

A Jean, ton frère.

Ce n'est pas la souffrance d'un enfant qui est révoltante en elle-même, mais le fait que cette souffrance ne soit pas justifiée.

Albert Camus
L'Homme Révolté

En 1947 la leucémie aiguë emportait en deux mois les enfants qu'elle frappait. En 1979, 50 à 60 % des enfants atteints sont en bon état cinq ans après le début de la maladie.

En 1955, la maladie de Hodgkin, tumeur des ganglions, fréquente chez l'adolescent et le jeune adulte, était constamment mortelle. En 1979, le taux des guérisons définitives varie selon les formes de 95 % à 60 %.

Les médecins, qui luttèrent si longtemps en vain, ont connu une étrange aventure. Une aventure faite de désespoir pour le présent et d'espérance pour l'avenir. Cette alliance de désespoir et d'espérance est bien exprimée par cette question, cette affirmation de deux des plus grands d'entre eux : « Devrais-je mourir, dit l'un vers 1955, sans avoir vu le premier cas de guérison de leucémie aiguë ? » « Chaque fois que j'entreprends un traitement, dit l'autre à la même époque, je pense que cet enfant sera peut-être le premier qui guérira. »

L'enfant de 1947 mourait en deux mois, l'enfant de 1979 peut guérir. L'enfant de 1959 était temporairement amélioré par le traitement. Une rémission survenait que coupait une rechute, plus cruelle encore d'avoir été retardée. C'est cette période révolue (partiellement révolue seulement malheureusement) que décrit le livre de Renée Mousseau. Livre ? C'est plutôt un cri de douleur, un long cri de douleur maternelle qui accompagne les figures évoquées, l'enfant si intelligent, si courageux, supportant en souriant les misères, les souffrances, les autres enfants, les médecins, les infirmières, les généreux, les indifférents.

La mort d'un vieillard est normale, attendue. La mort d'un enfant est inacceptable. Inacceptable, mais en 1959 inéluctable. C'est ce refus et cette impuissance tragiquement liés qui donnent son sens profond à ce texte émouvant et fort.

Jean Bernard.

Tout disait que tu aurais été beau. Teint mat, grands yeux noirs rieurs, malicieux. Ta directrice de maternelle avait une tendresse particulière pour toi, elle t'adopterait volontiers, disait-elle, si tu devenais orphelin. Lors des récréations, le plaisir des institutrices était de te faire parler, tu discutais de tout, du temps, des nuages, de champignons, de musique...

Ce fut la distribution des prix, tu étais heureux et fier de nous montrer ton numéro. Sur un air endiablé d'Offenbach, vous avez dansé un french-cancan, tu avais de sérieux ennuis avec ta cavalière qui perdait son équilibre, tu l'aidais de ton mieux, nous jetant, de temps à autre, des regards désolés. Tu reçus un prix d'excellence, mais tu ne vis jamais la grande école.

Après cette année scolaire, tu partis tout d'abord en vacances dans le Cher avec ta grand-mère, dans cette forêt où l'année précédente nous avions vécu un si bel automne. Quand je vins te chercher, j'appris à mon grand étonnement que tu avais été exigeant, capricieux, toi habituellement si raisonnable. Je te pris par la main et t'emmenai faire une promenade. Je te fis des reproches et te raisonnai, t'expliquant que ta grand-mère avait besoin de repos. Je te grondai, comme on gronde un petit enfant alors qu'on lui a déjà pardonné. Dans ma colère, je te pris par un bras et te secouai, te bousculai. Tu es tombé.

Quand tu t'es relevé, ton genou saignait. Pouvais-je imaginer que ce sang qui coulait était du sang leucémique ?

Ton univers d'enfant allait être subitement transformé. Ce serait désormais les stages à l'hôpital, les transfusions, les ponctions. Tu ne connaîtrais pas le calcul, les dictées, la grammaire, mais des noms barbares de médicaments : Décadron, Cortancyl, Mercaptopurine, et ceux des formules sanguines : lymphocytes, leucocytes, polynucléaires, mononucléaires. Tu parlais d'eux familièrement, tu disais : « Mes " lymphos ", mes " monos ". »

Quand nous revînmes de vacances, ton père nous attendait à la gare ; il fut frappé par ta pâleur, des cernes profonds marquaient ton visage ; crise de croissance, petite anémie, avons-nous pensé.

Afin de nous rassurer, nous avons décidé de te faire faire une analyse sanguine.

Le laboratoire se trouvait à l'autre bout de la ville, tu avais de la peine à marcher. Je te sentais anormalement fatigué. Ton teint mat avait viré au blanc verdâtre, ce qui faisait ressortir tes grands yeux noirs. Durant ce séjour à la campagne j'avais bien remarqué sur tes jambes l'apparition de « bleus ». Cela ne m'avait pas inquiétée, n'était-ce pas là le lot de tous les enfants ?

Quand la laborantine mit une goutte de ton sang sur le buvard blanc, je fus surprise par sa pâleur extrême, elle aussi probablement, puisqu'elle prit sa gamme de coloration, un joli camaïeu de rouges. Le buvard descendit du haut en bas de l'échelle des couleurs. De toute évidence, il s'agissait d'une grande anémie. Vinrent les résultats de l'analyse : au bas de la feuille, ces mots : *Formes anormales.*

Imagine l'épouvante de notre médecin,

amie de la famille, devant une telle évidence. Elle ne montra pas son trouble et nous envoya chez un confrère pour confirmation du diagnostic. Air soucieux de ce dernier, lettre pour le « Patron » du service d'hématologie d'un hôpital où tu dus entrer en observation.

Pouvais-je imaginer qu'il s'agissait d'une maladie incurable ?

Lors d'une visite, tu m'appris que l'on t'avait fait une ponction sternale. Cela consistait à enfoncer dans l'os du sternum, jusqu'à la garde, un trocart, sorte d'aiguille creuse en forme d'épée, afin d'y prélever de la moelle. Tu me dis en riant : « Elle l'a enfoncé plusieurs fois, ce devait être une débutante... » Combien j'admirais ton calme et ton courage. Par la suite, on te fit d'autres ponctions au laboratoire. Allongé, tu voulais tenir mes mains, mais je ne pouvais supporter la vue de ce poignard s'enfonçant dans ta poitrine et je me tournais vers le mur.

Jamais une plainte, tu me donnais à chaque fois une leçon de courage. Pour dissiper mon malaise tu me disais : « Sois tranquille maman, au moment où la laborantine me pique, je me pince très fort pour me faire plus mal qu'elle. » Je t'ai soigné durant un an, je t'ai rarement vu pleurer.

Sur ta demande, ta grand-mère avait apporté un serpent en bois articulé que tu mis sur ton ventre. Quand le docteur passa, tu l'appelas, lui disant que tu avais mal, il souleva les draps, et, pour ta plus grande joie, fit mine de s'évanouir de frayeur. Et tu riais, tu riais aux éclats. Gentillesse spontanée de ces médecins qui se prêtent, avec simplicité, aux jeux de ces enfants qu'ils savent irrémédiablement condamnés.

De la cour, nous te disions un dernier

au-revoir à travers la vitre. A genoux sur ton oreiller, tu penchais la tête de côté et nous souriais avec beaucoup de douceur, comme pour nous rassurer. Tu esquissais un petit signe affaibli de ta pauvre main tuméfiée par les piqûres.

Ce jour-là, professeurs et médecins étaient réunis au pied de ton lit, la laborantine venait de terminer ta numération globulaire quotidienne, piqûre au bout du doigt. Impressionnée par la présence des médecins, elle omit de te donner un petit coton pour sécher la perle de sang. Gentiment taquin, tu tendis le doigt, hocha la tête, et, souriant :

— Et ma goutte, on ne l'essuie pas ? Il n'y a plus de coton dans votre hôpital ?

Réflexion inattendue qui amusa l'assemblée.

Je fus convoquée par le professeur. Il était assisté par une doctoresse. Tous deux avaient l'air grave, embarrassé.

— Votre fils a une leucose, me dit-il, et nous n'avons pas trouvé à ce jour un médicament approprié à ce genre de maladie.

Ce n'est que bien après que je compris la délicatesse de ce médecin qui s'est gardé d'employer le « mot », ce qui m'a permis de rester quelque temps dans l'ignorance et de conserver tout mon courage. Je sortis de son bureau, persuadée que l'on trouverait le médicament nécessaire. J'étais bien loin de faire un rapprochement entre leucose et leucémie, cette dernière étant si rare. La presse avait tant parlé du fils d'un grand acteur américain atteint de cette maladie que je la croyais exceptionnelle. Je ne pensais pas qu'elle pouvait nous atteindre. Pourquoi lui ? pourquoi nous ? pourquoi le mien ? j'avais le sentiment d'être victime d'une injustice.

C'est alors que l'infirmière, qui « savait », nous suggéra de te placer à l'hôpital... dans le service du professeur X..., l'un de nos plus grands hématologues.

Vint le moment où je compris. Un jour en allant te voir, je demandai à une brave femme où se trouvait le service du professeur X... Me montrant du doigt une aile du bâtiment :

— C'est là, c'est le pavillon des condamnés.

Nous savions à présent que notre lot véritable serait le malheur et la mort, mais malgré tout j'ai gardé espoir, jusqu'au bout j'ai lutté de toutes mes forces à tes côtés. Je croyais à la découverte miracle, comme le fut celle de la pénicilline. C'était une course de vitesse. Le professeur X... nous expliqua que les recherches n'avançaient que lentement faute de moyens. Il existe dix hypothèses, nous dit-il, il nous faudrait mettre une équipe de chercheurs sur chaque hypothèse, or, nous n'avons qu'une équipe. Lorsque nous assistons à des congrès, nous passons une bonne partie de notre temps en discussions pour savoir comment nous allons trouver les fonds nécessaires à l'achat de nourriture pour nos rats et nos hamsters.

Je mesurai alors mieux la folie des hommes qui distribuent les crédits de l'Etat pour des œuvres de guerre, des crédits pour tuer ! Que les discordances sont profondes entre les progrès de la science et son utilisation !

Ainsi tu étais condamné à mort par notre société.

Je me souviens de cette phrase du professeur X... nous parlant de toi :

— Ne le contrariez surtout pas.

Longtemps cette phrase m'intrigua. Fallait-il comprendre que tu n'avais plus longtemps à vivre et que nous devions, de ce fait, accéder à tous tes désirs et caprices ?

J'eus l'occasion de lui faire préciser sa pensée. Il m'expliqua que des expériences avaient été faites sur des souris leucémiques et qu'il s'avérait que les souris contrariées mouraient plus vite que les autres.

Ta vie désormais se passa entre l'hôpital où tu faisais des séjours fréquents et la maison où tu passais tes périodes de rémission lorsque ta formule sanguine était redevenue normale. Là, tout devenait joie, j'avais l'impression que près de nous tu étais en sécurité, sauvé. Tu n'allais plus à l'école et il fallait t'occuper.

Tu te faisais du souci pour tes études :

— Je ne pourrai jamais rattraper les autres, disais-tu.

Pour te rassurer, un voisin, instituteur, proposa de te donner des leçons.

C'est le jour de la rentrée des classes que j'ai commencé à te trahir. Je pris seule le chemin de la Grande Ecole et annonçai au directeur de l'établissement, à sa grande stupeur, qu'il pouvait te rayer définitivement de la liste de ses élèves. J'eus l'impression douloureuse de confirmer ta condamnation.

C'est pour « rattraper les autres » que bravement tu appris à écrire. Tu faisais tes devoirs, t'appliquant à construire des petites phrases, décrivant la nature, cette nature qui te manquait tant et que tu imaginais. Tu dessinais des arbres, tu ne manquais jamais le trou du pic-vert et la tête de l'oiseau à la fenêtre. Pendant que tu méditais devant ta feuille en mordillant ton porte-plume, je me noyais dans ton visage. Tes longs cils, tes yeux noirs, profonds, où je cherchais à lire le secret de ton mal. Mais rien, je n'y lisais que la joie de vivre.

Tu étonnais ton instituteur par tes rapides progrès. Je me souviens de cette conversation avec l'infirmière en chef du service d'hématologie qui arrêta ton père dans le couloir :

— Monsieur, vous avez un fils intelligent.

— J'aimerais mieux qu'il le fût moins et qu'il soit en bonne santé.

— Ça, monsieur, c'est l'affaire de Dieu.

Je me suis toujours demandé pourquoi cette brave femme soignait les malades.

Il était difficile de te cacher la vérité. Tu me harcelais de questions sur la nature de ta maladie. J'essayais d'égarer ta curiosité. Tu avais une anémie, ce n'était pas grave mais long à guérir, tu retournerais à l'école. Mes réponses ne te satisfaisaient jamais, tu réfléchissais, prenant un air sceptique, quand un jour tu me dis à brûle-pourpoint :

— Si tu ne chantes plus, maman, c'est que je suis très malade.

A l'époque, je travaillais à la Sécurité Sociale, plus précisément, je m'y ennuyais huit heures par jour. Pour compenser cette sclérose intellectuelle, je continuais des études de chant entreprises quelques années auparavant, je travaillais l'intégrale de « La Bohême » avec une artiste lyrique de l'Opéra-Comique et préparais une audition en vue d'entrer dans cette même maison. Il était vrai que depuis ta maladie, je ne chantais plus, j'avais tout mis entre parenthèses pour me consacrer à l'essentiel : toi. Ainsi « Mimi » était morte avant d'avoir vécu. Pour éloigner tes soupçons et te rassurer, je me remis à vocaliser. J'imaginais la stupéfaction des voisins, m'ont-ils crue inconsciente ou folle ? Ce qu'ils ne savaient pas, c'est qu'en chantant je laissais couler mes larmes.

Après ta mort, il m'est arrivé d'assister à des sorties de maternelles, cherchant à entrevoir ta silhouette, ton visage, ton sourire. Ces mères qui partaient avec, dans la main, la main de leur enfant, mesuraient-elles l'immensité de leur bonheur ? Je rentrais seule, déçue, désespérée. Ne pas sombrer, préserver ma santé déjà bien ébranlée devait être désormais mon but. Je devais vivre pour ton frère. C'est alors que je décidai de reprendre mon travail.

J'ai su qu'il me faudrait te « soigner » durant un an et avais demandé un congé sans solde de cette durée. Alors que tu agonisais je reçus une lettre de l'organisme qui m'employait, me demandant si je comptais reprendre mon emploi. Je n'eus connaissance de cette lettre qu' « après », quand tu nous eus quittés, je fis alors les démarches exigées, mais, en guise de condoléances, on me fit savoir que, n'ayant pas répondu à la fameuse lettre, j'étais considérée comme démissionnaire.

Mon enfant mon amour

A cette époque, une petite canine bougeait, prête à tomber. Pendant la nuit, une tache rouge avait fleuri sur ton oreiller.

— Tu as touché ta dent ?

— Oui.

— Il ne le faut pas, tu sais que tu ne dois pas perdre de sang.

(En fait, il y avait des risques d'hémorragie, mais je ne voulais pas t'effrayer.) Tu me répondis :

— C'est rien, maman, t'en fais pas, il n'est pas perdu, quand ça saigne, je le crache pas, j'le ravale.

Tu jouais avec tes ours en peluche, ils étaient toute une famille, tu collectionnais les médailles, les breloques, les objets, tout ce qui pouvait constituer le trésor d'un petit garçon. Tu disais « mes bricoles ». Nous allions nous promener au Marché aux Puces, les commerçants te connaissaient bien, ils étaient prévenants avec toi et te gâtaient. L'un d'entre eux, pour t'amuser, t'avait surnommé Dédé la Bricole.

Tu voulais collectionner les pierres précieuses, si bien que j'achetais des petites bagues de toutes les couleurs que tu prenais plaisir à découvrir dans la sciure. Tu croyais à leur authenticité, tu étais heureux, c'était là l'essentiel. Un jour, nous avons rencontré une amie, Mademoiselle A..., inspectrice de l'enseignement. Tout le temps que dura notre conversation, tu enfonças tes ongles dans la paume de ma main, voulant me faire comprendre quelque chose. Je t'ai demandé pour quelle raison tu m'avais ainsi labouré la main ; baissant la tête, faisant la moue, déçu, tu me répondis :

— J'aurais voulu sa bague ! Tu as vu, quelle grosse pierre !

Tu étais presque heureux à la maison, mais de temps à autre, il fallait aller à l'hôpital pour un contrôle, c'était ton cauchemar. Dans le tiroir de ta table de nuit, tu avais un calendrier, sur lequel tu notais les rendez-vous, tu décomptais les jours. Mais tu étais raisonnable. Le jour arrivé, jour de ton unique « sortie », debout le premier, c'est toi qui me réveillais, ta toilette était faite, tu avais mis ton long pantalon, tu disais « mon long », ton plus beau pull, et tu restais là, près de moi, attendant mon réveil. Je sentais ta présence. Doucement, tu me disais avec un sourire taquin :

— Paresseuse, j'ai préparé ton café.

Nous n'avions pas le téléphone. Aussi,

pendant que j'allais chercher un taxi, tu attendais, assis sagement chez la libraire. Je restais parfois longtemps au coin de l'avenue avant d'en trouver un. Nous étions organisés. Lorsque nous arrivions à l'hôpital, j'allais à droite, faire la queue pour payer l'analyse et la consultation, tu allais à gauche, attendre ton tour au « labo ». Je revois ta petite silhouette, manteau gris anthracite à capuche, s'éloigner tranquillement, raisonnablement. Je m'arrêtais pour te regarder.

— Mon fils, je sais où te mène chacun de tes pas, et je te mens, toi, si confiant, si appliqué à guérir.

Longtemps, cette idée de mensonge m'a poursuivie. Il m'arrive encore de penser que je t'ai trompé, que je t'ai trahi. Je t'ai caché tant de choses alors que, par la suite, certaines de tes réflexions m'ont prouvé que tu aurais peut-être pu faire face.

Nous arrivions à la consultation à 9 heures pour passer chez le professeur à 13 heures. C'est long pour un enfant, surtout pour un enfant inquiet. Pour tuer le temps, nous jouions aux « petits carrés » ou au « jeu du solitaire ».

Tu réservais les parties de « dames » et d'échecs à ton père.

C'est au cours d'une consultation que nous connûmes la femme d'un mineur de Lorraine. Son enfant avait onze ans, douze peut-être. Il était content de nous retrouver, il me disait :

— Vous êtes bien coiffée, vous mettez du rouge, vous riez. Maman, depuis que je suis malade, ne rit plus, elle est mal coiffée, mal habillée.

J'essayais de parler à la mère, mais quel remède devant une telle détresse morale et matérielle. Cette femme, pour être à l'heure à la consultation, arrivait à Paris la veille. Sais-tu où elle dormait, avec son enfant condamné ? Sur un banc de la gare de l'Est, parmi les clochards. Par la suite, on lui indiqua l'Armée du Salut. Elle passa la nuit dans une péniche, où on lui vola son sac à main. Démunie d'argent, ils durent retourner en Lorraine sans avoir pu rencontrer le professeur.

Un matin, je la vis devant moi, à la caisse. Au moment de payer, elle partit subitement, disant à la caissière :

— Je reviens tout de suite.

Elle me confia par la suite qu'elle était allée aux toilettes. Devenue méfiante, elle cachait son argent dans son bas.

Ne devrait-il pas y avoir à Paris un établissement spécialisé, dont la vocation serait de recevoir tous ces grands malades, travailleurs, déshérités qui n'ont pas les moyens nécessaires pour faire face à ces coups durs ?

Nous ne devions pas jouir longtemps de ce retour à la maison. L'ennemi revenait au pas de charge.

Il fallut t'hospitaliser de nouveau. L'annonce de cette nouvelle te rendait très malheureux, tu voulais connaître la raison de cette décision. De tous les enfants du service, tu étais le seul à vouloir comprendre ; combien de fois tes questions nous ont embarrassés. Ne m'as-tu pas dit un jour, très froidement :

— Tu sais, Maman, si même le professeur X... n'arrive pas à me guérir, c'est que je vais mourir.

Je reçus le coup de plein fouet.

Dans les allées interminables de l'hôpital, je te poussais ce matin-là dans une petite voiture d'invalide, t'emmenant au service de radiologie pour une radio des poumons. Toi, mon bel enfant, mon orgueil, ma fierté, tu étais là, docile, misérable, enfoui dans une cape de l'Assistance Publique.

Je pensais à tes dernières vacances dans l'Allier, la ferme, les moissons, tu étais si heureux de monter sur le tracteur et de faire semblant de le conduire. Et tes longues promenades en forêt, caracolant sur ton petit vélo rouge, descendant les pentes à toute allure, arrivant devant moi en sueur, fier et heureux de me montrer ton exploit, avec ce mal en toi qui allait te tuer et que j'ignorais.

Tous les matins, on te faisait une numération-formule. Cela était devenu une habitude. Lorsque l'infirmière arrivait, discipliné, tu tendais ton doigt avec un sourire. Au-dessus de ton lit, sur le mur, était fixé un immense graphique indiquant ta composition sanguine. Tu arrivais à le lire et, selon la courbe, tu savais s'il y aurait transfusion sanguine ou transfusion de plaquettes. Tu craignais ces dernières, très douloureuses. Tes pauvres bras étaient devenus tout bleus, si bien que l'on te piquait au cou, au pied, ou sur le dessus de la main. Tu te laissais faire courageusement. Moi, lâchement, je partais, ne pouvant supporter ce spectacle. Le graphique mural était mis à jour tous les matins. Quand la courbe des plaquettes était en baisse, tu savais qu'en fin d'après-midi, tu en aurais une transfusion, ce qui te rendait triste, malheureux toute la journée ; tu ne pensais qu'à cela et rien ne pouvait te distraire ni te faire plaisir. Tu étais dans un état de nervosité si inquiétant que je dus en parler à l'infirmière. Elle décida de reléguer ton graphique au secrétariat et d'en mettre un faux à la place, sur lequel elle tracerait des courbes plus optimistes.

Tu me disais alors :

— Je ne comprends plus, la courbe n'a pas descendu et on me transfuse quand même.

Tu craignais alors les erreurs et tu étais anxieux. Si bien que le professeur informé décida d'enlever définitivement cette feuille.

Le service du professeur X... Un couloir, à droite des grandes fenêtres donnant sur les arbres de la cour, à gauche des cellules très étroites et vitrées. Dans chacune d'elles, un enfant condamné. Les parents étaient admis à rester à demeure, même la nuit. Nous couchions à tour de rôle, ton père et moi, dans le box attenant au tien.

A l'époque où ta maladie s'est déclarée, venait d'avoir lieu l'accident des savants yougoslaves irradiés mortellement. C'est alors que le professeur Y... entreprit sur ces malheureux des greffes de moelle. Greffes qui devaient les sauver. Le professeur X... essaya alors ce procédé sur une petite fille. La fillette fut irradiée en vue d'une destruction des cellules leucémiques et reçut une greffe de moelle saine prélevée sur sa mère. La presse à sensation se saisit de l'affaire. On pouvait lire à la « une » de certains journaux : « la leucémie vaincue ». Quels faux espoirs ces titres ont-ils dû faire naître ! Ces marchands de vent présentaient comme une victoire ce qui n'était que recherche et n'aurait pas dû sortir des services. Ce que cette presse n'a pas annoncé, c'est le décès de la fillette quelque temps après. J'éprouvais une grande compassion pour la mère de cette petite fille. Plus tard, j'eus l'occasion de la rencontrer dans un couloir. Je ne pus m'empêcher de lui dire mon émotion.

— C'est normal. A ma place, vous auriez fait la même chose.

Par la suite, en dépit de mes appréhensions, je me suis trouvée confrontée à la même situation.

Les professeurs ne se considérèrent pas comme vaincus, il fallait trouver le dosage d'irradiation nécessaire, le nombre de roetgens précis. Ce fut le tour du petit Philippe, ton voisin, petit blond de six, sept ans.

Un jour, en arrivant, je fus accueillie par des éclats de rires enfantins. Philippe était assis sur le bord de son lit et, radieux, s'arrachait les cheveux par poignées, méfaits des irradiations.

— Madame, regardez !

C'était pitoyable. Je dus rire.

La mère de ce petit garçon, habitant loin de Paris, reçut avec plaisir l'invitation que je lui fis de venir chez nous se détendre, prendre un bain, laver cette odeur fade d'hôpital. Nous allâmes dans un restaurant proche. Besoin d'évasion, besoin d'oublier quelques instants. Nos voisins de table pouvaient-ils imaginer que nous portions la mort en nous ?

Le jour vint où l'enfant fut en état de recevoir le greffon. Ce fut la maman qui, pour des raisons de composition sanguine, donna sa moelle.

Une opération si délicate devrait se faire dans les meilleures conditions matérielles, facteur d'une éventuelle réussite. Ce ne fut hélas pas le cas. Nous eûmes l'occasion de mesurer combien de plus en plus se creuse le fossé entre le progrès médical et l'absence de moyens matériels mis à sa disposition.

Voici dans quelles conditions travaille un des plus éminents savants français. Philippe fut placé dans un box situé au bout du couloir. Sa maman fut anesthésiée quatre boxes plus loin. Une lutte serrée s'engagea alors. Avec des gestes précis, le professeur Y... enfonçait son trocard par à-coups et de toutes ses forces dans la hanche de la patiente, prélevant, si mes souvenirs sont exacts, un centimètre cube de moelle à la fois. Les infirmières, à tour de rôle, couraient au bout du couloir porter leur précieuse marchandise. Il manquait de personnel, si bien qu'assis dans le couloir, devant une petite table, ton père, voulant se rendre utile, comptabilisait les centimètres cubes prélevés.

Mon enfant mon amour

Il y avait Jacques, fils d'un employé de la S.N.C.F. Lui, venait d'une petite ville du Centre. Enfant de onze ans environ, visage aux traits fins, intelligence exceptionnelle, brillant élève. Je voulais me rendre utile, aussi, quand j'avais passé la nuit à l'hôpital, j'allais au « labo » dans la matinée chercher les résultats d'analyse sanguine de tous ces enfants.

J'appris ainsi que tu avais une leucémie aiguë, dite myéloïde avec corps d'Auer, forme très mauvaise et très rare. J'ai voulu voir ces monstres au microscope. La laborantine m'installa. Etait-ce possible qu'une si jolie cellule bleue soit la cause de ton mal !

Oh ! « globules bleus d'un monde décoloré » !

En revenant, je lisais les différents

résultats des formules. Tu guettais ma venue avec angoisse, cherchant à lire sur mon visage les signes de toute mauvaise nouvelle.

Alors qu'ils sont normalement au nombre de 6 000, tu avais 36 000 globules blancs. Quelle ne fut pas ma surprise en constatant que le petit Jacques en avait 350 000 ! Heureusement, les parents ne comprenaient pas.

Quinze jours après son arrivée, Jacques était mourant. Il souffrait horriblement du ventre. Les parents firent venir un prêtre.

— Jacques, dis amen.

Jacques, dans un râle :

— J'ai mal...

— Dis amen, Jacques.

— J'ai mal...

— Voyons, dis amen !

C'était insupportable. Ne pouvait-on le laisser souffrir en paix ? Il est mort dans l'ambulance qui le ramenait au pays.

Dans le box voisin, il y avait Claire, jolie brunette de huit ans aux longs cheveux noirs, bouffie par le Cortancyl. Ce médicament pris à forte dose fait tellement grossir que la peau du ventre en craque. Je voyais sur celui de Claire et sur le tien par la suite de grandes bouches écarlates formées par les éclatements de la peau. La fillette était au plus mal, sous tente d'oxygène, et, de ton box, on entendait sa respiration. Les parents, des pharmaciens, fatigués par les nuits de veille, m'ont demandé de surveiller la petite pendant qu'ils allaient prendre un café. Soudain, tu me fis remarquer que la respiration de Claire s'était tue. Je regardai à travers la vitre. Claire était morte. Je n'avais jamais vu la mort. Figée, pétrifiée, je ne pouvais parler, de grosses larmes coulaient derrière mon masque de tissu blanc. J'allai prévenir l'infirmière et lui demandai de tendre au plus vite un drap entre les deux box. Il ne fallait surtout pas que tu comprennes, il ne fallait pas que la peur parvienne jusqu'à toi.

Je revois toujours à l'infirmerie la souffrance quasi animale de ces parents, effondrés sur des chaises, pliés en deux par la douleur. Se reprocheront-ils ce café leur vie durant ? Ils avaient manqué la mort de leur enfant.

Tu t'es aperçu que l'on emportait Claire et tu as voulu savoir où elle allait.

— En chirurgie, on l'opère de l'appendicite.

— C'est grave ? C'est plus grave que l'anémie ? Je n'aurai pas l'appendicite ?

Mensongèrement, j'ai dissocié ton cas de ce mal.

En revenant à la maison ce soir-là, désespérée, je pleurais dans le métro, les larmes ruisselaient sur mon visage, les gens me regardaient.

Je ne voyais rien, je ne vis même pas arriver notre ami et voisin Maurice C... qui me mit la main sur l'épaule et me dit, bouleversé :

— André ?

— Non, je viens de voir mourir une petite fille.

Nous habitions un immeuble H.L.M. dans une ville ouvrière de banlieue. A côté de toute cette souffrance, la solidarité, notre réconfort, notre seule force. L'amitié, le partage du malheur. Ce père de famille nombreuse qui donnait son sang pour toi, cette mère d'un de tes camarades de classe, femme d'ouvrier, plusieurs enfants également, si menue, si maigre, probablement à cause des privations, que cela me coûtait de lui prendre son sang. Ces voisins qui mirent leur voiture à ma disposition pour rendre mes visites à l'hôpital moins pénibles, ces appels aux donneurs de sang lancés par micro dans le stade de notre ville, ces mamans qui me donnaient pour toi des filets remplis d'illustrés et de friandises, ces collectes organisées dans le quartier. Les enfants même nous aidaient à leur manière et avaient décidé de jouer à l'autre bout de la cour afin de ne pas troubler ton repos.

Je n'ai jamais aimé faire les courses, mais elles m'étaient devenues doublement nécessaires, elles me permettaient de brèves évasions, détentes, reprises de contact avec la vie. Les gens me saluaient mais ne me parlaient pas de toi, je l'avais voulu ainsi et la consigne était respectée.

Ce jour-là, mon panier au bras, je rentrais, il était midi environ quand un car s'arrêta devant notre immeuble, il en descendit des femmes, toutes nos voisines. La femme de ton donneur de sang s'avança timidement vers moi.

— C'est une délégation ? dis-je en souriant.

Je m'aperçus alors qu'elle était troublée, je lus de la compassion dans son regard. Doucement, elle me dit :

— Nous venons de l'hôpital, nous sommes allées donner du sang pour André.

Bouleversée, déchirée, j'éclatai en sanglots et partis en courant, ivre d'émotion et de douleur. Je n'ai pas eu le courage de retourner dans cet immeuble, mais jamais je n'oublierai ces femmes.

Cet après-midi-là, je me rendais à l'hôpital ; je descendis au métro Gare de l'Est et traversai le canal Saint-Martin, je m'accoudai sur le parapet.

« Ne pas voir la fin, ne pas voir la fin... enjamber la balustrade... Mais non, ne crains rien, je ne suis pas lâche, tu as besoin de moi, je dois t'aider jusqu'au bout, t'aider à mourir. Prends patience, je viens, je t'apporte le réconfort dont tu as tant besoin. »

Sur un ton plaisant, je te racontai ce que j'avais vu le matin et qui m'avait tant bouleversée.

Amusé, puis subitement grave :

— Du sang de femme, je n'en veux pas !

A côté de cette solidarité simple, bouleversante, j'ai pu constater l'indifférence de certains. Comment peut-on rester insensible à l'agonie d'un enfant ?

Ce sont hélas des êtres ouverts aux

grands problèmes de l'humanité, qui sont restés insensibles à ta souffrance, à la souffrance d'un individu. Ceux qui veulent faire le bonheur de l'humanité, des hommes en général, de l'homme, perdent souvent de vue les êtres. Souviens-toi de ces deux exemples.

Nous habitions au quatrième étage d'un immeuble sans ascenseur et je devais te monter sur mon dos, ton poids étant tel que ton cœur ne supportait plus aucun effort. Quand tu jouais dans la cour, tu m'appelais et je descendais te chercher. Tu étais si lourd qu'il m'est arrivé de tomber avec toi.

Ce jour-là, la sonnette retentit, j'allai ouvrir. Quelle ne fut pas ma surprise en te voyant, ruisselant, rouge, à bout de forces, tu suffoquais et ne pouvais reprendre ton souffle. Lorsque tu pus parler, j'appris que le directeur de l'Office d'H.L.M. qui habitait notre immeuble t'avait fait remonter, la cour étant interdite à certaines heures pour assurer le repos des locataires.

Il y eut pire.

Tu avais des envies de nature, envie, me disais-tu, « de te rouler dans l'herbe ». De plus, sentant ta difformité, tu ne voulais pas descendre lorsque tes petits camarades étaient présents. Si bien que lorsque la cour était déserte, je descendais deux sièges et t'installais sous les arbres. Le soleil, l'odeur de l'herbe, tu étais heureux. Tu restais là de longs moments à jouer avec tes « bricoles », petites médailles, pierres de toutes couleurs que tu classais dans des boîtes d'allumettes.

— Je les aime bien, ce sera pour mes enfants plus tard.

Dans la cour, aucun bruit que le chant des oiseaux. Derrière les fenêtres, je devinais des présences, des regards apitoyés, compatissants.

C'est alors que, venant troubler notre

trêve, je reçus une lettre du maire de la commune, datée du 23 mai (tu devais nous quitter le 19 juillet).

Je dois préciser que le maire en question habitait notre immeuble et qu'il était parfaitement au courant de ton cas, puisque, quelques jours plus tard, je découpai cette information dans la presse locale : « Pour sauver le petit André, Monsieur le Maire de... se rend à l'hôpital à la tête d'un groupe de donneurs de sang. »

Voici le texte de cette lettre :

Madame,

Nous apprenons que, chaque jour, vous descendez dans la cour de l'immeuble, en compagnie de l'un de vos enfants, avant l'heure qui a été fixée par les récentes dispositions.

Vous êtes d'ailleurs la seule locataire à procéder ainsi, et cela démontre claire-

ment votre volonté d'ignorer systématiquement les règlements.

De plus, vous incitez ainsi les enfants de l'immeuble à manquer à cette discipline librement consentie qui est indispensable à toute vie en collectivité.

En vous rappelant, une fois de plus, que la présence des enfants dans les cours a été limitée, le matin de 9 h 30 à 12 heures, nous vous informons que nous sommes disposés à employer tous les moyens nécessaires au respect de dispositions que nous avons établies en recherchant la satisfaction de la majorité des locataires.

Nous vous prions...

Le Président de l'Office d'H.L.M.
Maire de...

Ce fut la rémission à nouveau. Fini les piqûres, les transfusions, nous étions presque heureux. Tu retrouvais alors la maison, ton univers, tes habitudes, tes jouets, et surtout ton frère, petit diable de quatre ans, qui faisait ta joie. Il chuintait en parlant, prononçant les S en CH, comme le font les Auvergnats. Il te disait :

— Tu viens, on va picher croijé.

Vous partiez aux toilettes et, vous plaçant chacun d'un côté de la cuvette, vous croisiez vos jets.

Te souviens-tu du jeu du métro dans l'armoire à portes coulissantes ? Je vous avais acheté deux casquettes et, avec mon sac en bandoulière, l'un faisait le receveur, l'autre le chauffeur.

Vous écoutiez vos disques, « Pierre et le Loup » et la série des « Piccolo et Saxo » : vous faisiez l'accompagnement en frappant sur des poufs avec des couvercles de casseroles.

Tu aimais la musique classique, plus particulièrement le concerto de l'Empereur et l'Hymne à la joie de la Neuvième symphonie, que tu écoutais lorsque ton frère était à l'école. Le matin, pendant que je faisais les courses, tu m'aidais au ménage, tu rangeais la vaisselle, balayais la cuisine, passais l'aspirateur. Un jour, en rentrant, je vis le grand miroir de l'entrée couvert de tourbillons blancs. Toi, l'air désolé :

— J'ai voulu le nettoyer...

Tu avais pris le Miror pour les cuivres!

Pour te distraire, nous t'avions acheté un hamster. Tu l'avais baptisé Pan-Pan. Tu lui avais construit une maison avec tes cubes en bois, mais il faisait pipi et sa maison était souvent inondée, tant pis pour les fentes du parquet. Tu le caressais, je revois ta main potelée, tu portais au doigt une petite chevalière, cadeau d'un commerçant du Marché aux Puces. Le premier matin, Pan-Pan avait disparu. Nous l'avons cherché et, à notre grand étonnement, nous avons découvert qu'il avait élu domicile sous le frigidaire. C'est là que, par la suite, il passa toutes ses nuits.

Tous les soirs, ta grand-mère rapportait de son bureau des timbres-poste que je mettais dans l'eau à décoller, dont certains en plusieurs exemplaires, si bien que je n'hésitais pas à jeter les plus abîmés. Un jour, j'en mis un dans les toilettes, tu le vis et vins me dire de ton air coquin :

— Dis, Maman, c'est là que tu mets mes timbres à décoller à présent ?

Parfois, ton humour faisait mal. Une voisine te rapporta de la mer un petit encrier entouré de coquillages collés.

— C'est beau, me dis-tu, mais moi, ce n'est pas un encrier qu'il faut mettre, c'est un flacon de Cortancyl !

Tu étais au régime sans sel. Tu me dis à brûle-pourpoint :

— Tu te souviens, Maman, quand je suis tombé à l'eau à Trégastel et que j'ai bu une « tasse ». Heureusement que je n'étais pas au Cortancyl !

Et cette réflexion à ton frère :

— Tu as quel âge, Nanou ?

— Quatre ans.

— Encore deux ans et tu me rattraperas.

Je savais même qu'il te dépasserait...

Quel bonheur, ces périodes de rémission, des années ont passé et j'en rêve encore la nuit, cauchemar du réveil. Que nous étions bien à la maison, tous ces jours, toutes ces heures passées paisiblement à tes côtés pour te distraire, t'occuper. Tu jouais souvent aux dames avec ton père, je t'observais, ta peau d'enfant, tes cheveux noirs que le Cortancyl faisait friser, tes longs cils, la courbe nette bien dessinée de tes sourcils. Sur ton visage confiant, aucune trace de ton mal, rien, rien qu'une application joyeuse à gagner la partie, un regard pétillant de malice quand tu préparais un « coup » et ton triomphe d'enfant, ô combien immodeste. Tout cela, c'était encore le bonheur.

J'avais pour toi de l'adoration, quand tu te couchais, je m'agenouillais près de ton lit, la main posée sur la tienne, j'admirais ton visage, y scrutant les stigmates du mal qui cheminait en toi, je te faisais des déclarations d'amour :

— Je t'aime, si tu savais combien je t'aime !

— Si tu m'aimais, tu ne m'emmènerais plus à l'hôpital !

Un matin, je rentrais avec mes commissions, tu me dis d'un air navré :

— Je voulais te faire une surprise, mais je n'ai pas su allumer le four.

Aidé du livre de cuisine, tu avais préparé un gâteau. Tu en refis d'autres par la suite, je te revois faire un puits dans la farine et y verser les œufs que tu cassais d'un coup sec sur le bord du saladier. C'était navrant. Tes petits camarades découvraient l'histoire, la géographie, les sciences naturelles, nos poètes, nos peintres, nos musiciens et toi, si intelligent, si avide de savoir, tu cassais des œufs dans la farine.

Tu avais des envies de promenades en forêt. Un ami nous proposa de t'emmener à Ermenonville. Nous t'avons couché dans la voiture et soûlé de forêts et de champs. Nous avons sorti un siège et t'avons installé sous un arbre dont le feuillage te protégeait. Calme, heureux, tu regardais le ciel, les branches, souriant d'un peu de joie, mais conscient aussi. La main dans la main nous écoutions le silence en admirant le spectacle de la nature. J'aurais tout donné pour ces instants de bonheur. Je te revoyais deux ans plus tôt, en vacances dans les Pyrénées, tu marchais dans les hautes herbes, décapitant les mauves scabieuses pour en remplir ton seau.

Tu es né le premier mai, jour de la fête du travail, jour du muguet, tu aimais ces fleurs. Quand je rentrais du marché, tu étais heureux de trouver un bouquet de ces petites clochettes sur le dessus de mon panier. C'est à ton intention que tous les ans à cette période l'appartement est rempli de son délicat parfum.

Je savais que tu devais nous quitter, mais j'en refusais l'évidence. Non, c'est impossible, il se passerait quelque chose, j'espérais toujours la découverte miracle. Quand je plongeais dans l'anesthésie du sommeil, j'oubliais, mais combien pénibles étaient les réveils, je reprenais brutalement conscience de l'atroce réalité :

« Il est condamné... Il va mourir... »

C'est éveillée que je vivais mon cauchemar.

Et ce poème qui ne me quittait plus :

« Le petit est malade, le petit va [mourir
Lui qui nous a donné la vue...
Le petit est malade, le petit va [mourir
Il tient maintenant le monde [par un bout...
Il était bon, il était doux
Il va mourir.
Ce n'est donc rien du tout [d'être petit ? »

Mon enfant mon amour

Vint la neige. Tu voulus comme les autres années aller jouer dans la cour. Pouvions-nous te refuser cette dernière joie, ta dernière neige ? Bien emmitouflé, tu jouais avec les autres, heureux. De la fenêtre, ton père et moi te regardions. C'était la trêve du Cortancyl, tu étais désenflé, beau. Devant tes joues rouges, nous aurions pu croire au miracle. Ce qui fit dire à une voisine :

— Ce n'est pas possible, voyez cette mine qu'il a, ces belles couleurs, les médecins doivent se tromper...

Pouvait-elle comprendre que cette spectaculaire et merveilleuse rémission signifiait rechute certaine, condamnation absolue.

Ce fut Noël, j'apportai un grand sapin que tu garnis et que tu illuminas. Ton dernier Noël.

A nouveau le Cortancyl. Il te donnait faim, tu avais une véritable boulimie. Nous étions obligés de te gronder pour refreiner ton besoin de dévorer. Tu avais surtout des envies de viande rouge, de sang. A l'hôpital, lorsque tu voyais arriver le transfuseur avec un flacon, tes yeux brillaient et tu disais d'un air gourmand :

— Le bon sang !

Cette envie de sang me stupéfiait, me paraissait monstrueuse, me donnait envie de vomir.

A manger ainsi, tu as repris du poids, à tel point que tu avais de la peine à t'accroupir, tout t'était devenu effort et tu ne pouvais plus t'occuper de ton cochon d'Inde. Je te posais la question :

— Veux-tu le garder ou le donner ?

Ton frère répondit froidement :

— On n'a qu'à le garder. Quand il sera gros, on l'mangera, avec la peau, je ferai un manteau à mon ours.

Nous mîmes Pan-Pan en pension chez une amie qui avait un jardin. Pour te consoler, elle t'envoya sa photo que tu mis sur la table de nuit.

Elle est à présent dans un album qu'il m'arrive de feuilleter. Cette photo de toi que j'aime particulièrement. C'est l'automne, tu es en rémission, c'est la promenade au parc de Saint-Cloud. Sur ton épaule, un bâton porte un seau rempli de marrons, tu te retournes pour nous sourire. Au bout de l'allée, le Point-du-Jour, la mort au bout du chemin.

Mon enfant mon amour

Afin de te distraire, je décidai de t'emmener au Jardin d'Acclimatation voir le petit train et les jeux, mais le spectacle annoncé comme amusant se révéla vite désastreux et finit en un lamentable drame. Enorme, bouffi, défiguré, tu n'étais plus que lassitude, tu promenais ton mal en traînant péniblement les jambes. J'avais compté sans la bêtise, le manque de tact, le voyeurisme des promeneurs qui se retournaient sans discrétion. Je n'avais qu'une envie, te prendre par la main, me sauver avec toi, loin, bien loin, à l'abri de tous ces regards. Ma souffrance se fit colère, le compris-tu ? Pour me consoler et me calmer, tu décidas d'en faire un jeu :

« Retournera, retournera pas ? »

Ils se sont tous retournés.

Nous n'avions pas de voiture, parfois, le dimanche matin, ton père t'emmenait jusqu'aux bords de la Seine, toute proche. Là, tu regardais passer les péniches. La Seine à l'île Saint-Denis ! Comme nous aurions aimé offrir mieux à tes regards, tu ne voyais que mazout, détritus et chats crevés.

Pour la première fois depuis des semaines, c'était le 25 mai, tu as joué au receveur de bus et fait une page d'écriture. Tu as voulu écouter un disque, la « Petite Musique de Nuit ».

J'avais abandonné mon emploi pour me consacrer à toi. Par contre ma mère, qui avait cessé son travail pour vous élever ton frère et toi, dut en chercher un. On imagine combien ce put être démoralisant, à son âge, de courir les offres d'emploi en traînant sa tristesse et son désespoir. Elle qui ne t'avait jamais quitté s'absentait toute la journée et sa présence te manquait, à tel point que tu devins fiévreux, fatigué, excédé. Je te revois assis sur un tabouret dans la cuisine. Regard absent, déroute de tes yeux plus tristes de jour en jour. Tu suçais ton pouce et cognais ton dos au mur, scandant comme une litanie :

— Mémé, Mémé, Mémé, Mémé...

Je ne savais plus que faire, plus rien ne t'intéressait.

Tu avais sur les jambes du purpura, pigmentation de couleur rouge violacé, éruption constituée par une hémorragie sous-cutanée. Elles me faisaient penser à des aubergines.

Jour de tes sept ans. Je te trouvais étrangement pâle. Il me fallait t'emmener d'urgence à l'hôpital. Cela me peinait d'avoir à t'annoncer ma décision, sachant quelle déception elle allait te causer. Tu fus courageux une fois de plus. Nous attendions dans la salle habituelle et jouions aux « petits carrés » pour passer le temps et tromper notre inquiétude mutuelle. Tu jouais sans réfléchir, je te sentais anxieux, préoccupé.

A notre grande surprise, l'infirmière nous introduisit dans un petit amphithéâtre qui servait de salle de consultations. Sur les chaises, une quinzaine de chercheurs étrangers, sur l'estrade, le professeur X... On m'avança un siège, il y eut un silence. C'était impressionnant. Si tu fus étonné et inquiet, tu ne le montras pas, tu encaissas le coup sans broncher, avec beaucoup de dignité. On t'allongea sur un lit et une concertation s'engagea entre ces médecins. L'un d'eux demanda à voir tes jambes de près.

En sortant, tu me regardas avec ton sourire malicieux :

— Tu as vu celui-là, à son âge, il n'a jamais vu un purpura !

De nouveau, ce fut l'hospitalisation, l'enfer recommençait. Nous vivions à l'hôpital en permanence, nous y passions nos nuits, nous relayant, ton père et moi. Cette fin juin était très chaude, les nuits lourdes, je ne pouvais dormir. Avec d'autres parents, nous nous retrouvions à l'infirmerie et nous faisions, pour nous occuper, la « chasse aux cafards », à celui qui en écraserait le plus.

Arrivée à l'hôpital. Le dédale des couloirs. Les cris des enfants, le bruit des chariots, des civières roulantes, des plateaux de soins, des bassins entrechoqués et cette odeur indéfinissable, écœurante, mélange d'éther, de javel et de sang qui me saisissait à tel point que je ne pouvais plus manger. Une infirmière m'avoua qu'elle ne prenait qu'un repas, le soir, chez elle ; attachée à ces enfants, leur souffrance lui coupait l'appétit.

On ne trouvait plus un endroit de ton corps où te piquer, tu avais des hématomes partout, au cou, aux pieds. Courageux, tu ne disais rien. Un infirmier, ce jour-là, te mit un garrot au bras, te piqua, te repiqua plusieurs fois de suite ; ce spectacle me donnait des nausées. Ne parvenant pas à saisir ta veine, il sortit chercher de l'aide, pensions-nous. Non, cette brute avait renoncé, tout simplement, oubliant de t'enlever le caoutchouc qui serrait ton pauvre petit bras tuméfié et meurtri. Devant ma colère et pour m'apaiser, tu tournas la chose en dérision :

— Celui-là, il ferait bien d'apprendre son métier !

Mon pauvre enfant martyrisé, j'aurais tant voulu souffrir à ta place ! Tu étais excédé par toutes les piqûres, ponctions, numérations, transfusions, tu en avais assez. Parfois, pour te détendre, tu voulais marcher, faire quelques pas dans ta chambre, mais tes pieds tuméfiés ne te portaient plus et nous menaient à peine jusqu'au bout de ton lit. Des grimaces de souffrance tordaient ton visage. Nous te sentions découragé, tu n'étais plus que lassitude, tu n'avais plus la force ni le goût de répondre à mes sourires. Je dus un jour te gronder fortement parce que tu ne voulais pas marcher jusqu'au seau placé à la tête de ton lit, tu préférais te retenir. Evoquant aujourd'hui cette réprimande, je suis assaillie par le regret. Pardonne-moi, mon fils, mais je n'avais pas la force de te porter et j'étais si énervée, si lasse, je n'en pouvais plus.

Il y avait en moi une telle fatigue que j'avais parfois envie de fuir, de tout abandonner. Allongée dans la cellule contiguë à la tienne, séparée par une vitre, j'eus un malaise. Tu t'en aperçus et appelas. Un interne vint prendre ma tension. Devant ton inquiétude, je fus prise de honte.

Quand ma douleur était par trop inhumaine et que le sommeil ne venait pas, je sortais me promener sous tes fenêtres. Dans la nuit calme de l'été tout continuait d'être, témoignait de la vie. Le doux bruissement du vent dans les feuillages, l'odeur de l'herbe et des massifs de fleurs. Je respirais à longues bouffées cet air moins oppressant, y cherchant vainement un peu de force.

Le professeur Z..., qui donna sa propre moelle pour sauver les savants yougoslaves, devait te faire une transfusion de plaquettes. Lâchement, je quittai ton box : te voir souffrir m'était insupportable. Je faisais les cent pas dans le couloir, quand un cri horrible passa les murs, c'était toi. Je vis le docteur sortir, irrité, bougonnant :

— Fichu métier, les faire souffrir, et pour quel résultat !

Cette nuit-là, ton père était de garde, je devais le relayer, j'avais hâte d'arriver. Il me semblait que tu risquais moins quand j'étais là. Il n'y avait qu'auprès de toi que je trouvais les forces pour lutter. En me voyant, ta lassitude a éclaté, c'est dans mes bras que tu t'es réfugié pour le plus grand énervement de ton père qui me dit sur un ton de reproche :

— Il était sage, il suffit que tu arrives pour qu'il pleure !

A ces mots, je pris conscience que ton pauvre père était en train de perdre auprès de toi la patience de toute une vie, et me demandais si ce difficile combat ne finirait pas par user la tendresse de notre couple, qui prenait peu à peu la forme d'une association.

Tout le monde t'aimait. Les médecins s'étaient attachés à toi et ne savaient que faire pour te distraire, t'amuser. C'est ainsi que le professeur Y... t'apporta son transistor et qu'un autre venait faire le pitre devant ta porte vitrée. Il se faisait lui-même des prises de sang et faisait mine d'être douillet, d'avoir peur, de se trouver mal.

Amusé et attendri, tu souriais.

Ton repas, c'était tout un spectacle, tes yeux brillaient de plaisir, tu te jetais sur les plats, tes joues bien arrondies disaient ton régal. Pouvais-tu penser qu'allègrement tu nourrissais ceux-là mêmes qui te détruisaient. J'entendis le professeur Z... dire à un confrère :

— Va voir André manger, il fait plaisir à voir.

Ils plaisantaient gentiment avec toi, te demandant si tu en voulais encore. Tu n'as jamais rien lu sur nos visages, tous avons fait les sourires, les grimaces et les pitreries qui, longtemps, trompèrent tes inquiétudes.

Tu collectionnais les timbres, tu devins même exigeant. Il te fallut le catalogue Thiaude. Tu voulais tous les timbres français, non seulement les nouveaux mais aussi les anciens, très coûteux. Tu n'avais pas conscience de leur valeur et nous ne devions pas te contrarier. Combien de fois nous nous sommes privés de manger pour satisfaire tes envies. Il y en avait partout, sur une planche posée sur tes genoux, sur des chaises disposées autour de toi, si bien que, lorsque le professeur X... faisait sa tournée, l'infirmière en chef envoyait une estafette nous prévenir afin que nous fassions place nette, ce qui n'était pas toujours chose facile.

Ainsi les journées s'écoulaient, toujours encadrées par la numération du matin et la transfusion du soir.

Ta grand-mère paternelle était venue te rendre visite. Pour m'aérer, je l'accompagnais jusqu'à la sortie. Elle m'invita à prendre un café. Franchir la grille de l'hôpital, c'était pour moi passer d'un monde à l'autre, c'était retrouver le monde libre. Ta grand-mère avait-elle réellement conscience de l'issue de ta maladie ? En refusait-elle l'évidence ? Comme moi, attendait-elle le miracle ?

— Vous verrez, me dit-elle, qu'il s'en sortira, nous avons toujours eu de la chance ; la preuve, je suis bien revenue des camps de la mort.

Pauvre femme, voulait-elle entretenir mes espérances ? Je lui laissais les siennes.

Je pensais souvent à la fin, me demandant si ce serait à l'hôpital ou à la maison que la mort te surprendrait, et comment ?

J'essayais de me renseigner auprès des infirmières, mais elles étaient peu loquaces à ce sujet. J'envisageais différentes éventualités. La tente à oxygène, comme Claire ? L'étouffement ? L'arrêt du cœur ? J'avais entendu parler d'hémorragies...

Ce fut pire que tout ce que j'avais pu imaginer.

Un jour je fus convoquée par le professeur Y... qui me reçut avec d'inquiétants égards et me proposa de t'irradier en vue d'une greffe de moelle.

« Déjà ! » pensais-je, comprenant le sens de cette proposition.

Ton cas était donc désespéré. Décision grave, j'allais réfléchir. Je savais que le mot « greffe » ne signifiait pas « espoir », mais « recherche », à cette époque, du moins. A présent elles rendent heureusement de grands services et sauvent de nombreuses vies humaines.

En sortant, j'aperçus le professeur X... Je courus vers lui comme un enfant égaré et lui fis part de la proposition qui venait de m'être faite. Il me répondit que mieux valait cette solution plutôt que de laisser suivre son cours normal au processus de la maladie. C'était clair. Ainsi, mon fils, on se préparait à te détruire. Tu fus conduit tous les jours en ambulance à Villejuif. Allongé sur un chariot roulant tu attendais ton tour. Je t'accompagnais jusqu'à la salle de cobaltothérapie. A travers la vitre panoramique j'assistais à l'opération. On te couchait sur une table. Je te revois dans ta petite robe de chambre à carreaux marron et beiges. On te mettait sur le côté et, docile, raisonnable, tu laissais le cobalt faire son effet. Ainsi, et avec ma complicité on te détruisait, mon amour. Trahison, une fois de plus.

Devant l'issue fatale, désespéré, ton père écrivit aux ambassades des Etats-Unis et d'U.R.S.S. afin de savoir où en étaient les recherches dans leurs pays respectifs. Les réponses arrivèrent, qui mirent fin à nos espoirs.

Ton organisme irradié était vulnérable, il n'avait plus la moindre défense. Il fallait te préserver des microbes et virus extérieurs. Nous ne pouvions entrer dans ta chambre stérile qu'avec blouse blanche et masque. Dans le couloir, à l'entrée de ton box, une table avec une cuvette remplie d'alcool dans laquelle nous devions nous laver les mains avant d'entrer. Tout objet ou aliment, même les plats cuisinés, étaient passés aux rayons X. C'est ainsi que « Les Contes du chat perché » et « L'Enfant » de Vallès furent passés aux rayons. Te souviens-tu comme le récit de l'enfance de ce pauvre Vingtras te passionnait? Tu aimais particulièrement ce passage où le petit Jacques raconte que sa mère, en guise d'éducation, le fouettait systématiquement tous les matins. Un jour, la voisine prise de pitié, en voyant son pauvre derrière tout rouge, offrit à Mme Vingtras d'accomplir elle-même cette besogne pour la soulager. Mais au lieu de fouetter l'enfant elle se contentait de frapper dans ses mains. Jacques, simulant la souffrance, criait et gagnait ainsi son bonbon quotidien.

Tu étais heureux lorsque je te faisais la lecture, tu oubliais et ce bonheur me faisait presque mal.

J'entrais un jour à l'infirmerie quand je surpris une infirmière penchée au-dessus de l'évier. Avec des gestes rapides elle avalait les restes de ton repas. Pour ne pas la gêner, je sortis discrètement.

Il est formellement interdit au personnel de manger ce que les malades ont refusé, et cela peut se comprendre. Je pensais :

— Faut-il avoir faim pour manger cette ratatouille informe, froide, sans sel, passée aux rayons X !

Je fus envahie d'une immense pitié pour cette femme, j'essayais de comprendre les raisons de son geste, dû sûrement aux conditions de travail. Huit heures et demie de présence, sans compter les heures supplémentaires, pause d'une demi-heure, temps trop court pour aller à la cantine. Alors, on grignote n'importe quoi.

Depuis ta mort, je me sens en dette envers les infirmières, aides-soignantes, agents hospitaliers nommées péjorativement « filles de salle », surexploitées, silencieuses, courageuses, dévouées, mais combien présentes.

J'étais assise sur le bord de mon lit, t'observant à travers la vitre, mon bel enfant supplicié, mon pauvre amour en sursis, te regardant dormir de toutes mes forces et de toute ma tendresse. Depuis un an, nous avions vécu repliés sur notre propre drame.

« Mon fils, pour moi, tu es unique mais malade. Certes la mort d'un être jeune et innocent est scandale, mais nous sommes impuissants à te guérir. Tu es irrécupérable. Tant d'efforts pour sauver la vie d'un seul, alors que la folie guerrière des hommes met en péril la vie d'une multitude. Songe au cortège de ces enfants brûlés, squelettiques, abandonnés, mutilés par la haine, l'indifférence des hommes. »

J'en étais là de mes réflexions lorsqu'une femme affolée vint s'effondrer dans mes bras. Elle venait de prendre conscience, de réaliser que son petit garçon était condamné. Que dire, que faire devant un tel désarroi, une telle douleur ?

Je la serrai contre moi et la laissai pleurer tout son soûl. Chaleur de la fraternité humaine, partage de la misère dans cette triste et froide cellule. Lorsqu'elle fut plus calme, je lui dis que son fils ne devait surtout pas s'apercevoir de son trouble, les larmes lui étaient désormais interdites, elle devait se présenter à lui avec un visage serein. Jouer la comédie, feindre, rire, sourire, voilà ce que j'ai fait pour toi durant un an. Ce que tu ne sus pas, c'est que souvent, le soir, au bout de la fatigue et du désespoir, j'allais pleurer loin de toi, sur le balcon. Je n'en pouvais plus de vivre dans le mensonge. En face, l'énorme marronnier en fleurs, incandescent symbole de la vie, de la force, de la continuité, me lançait comme un défi.

Il y avait dans le service un petit malade qui venait d'Algérie et dont le père était viticulteur. C'était un homme brutal, sans éducation, il ne comprenait rien et tenait des propos si stupides que je renonçais à tout dialogue.

— Mon fils n'était pas si malade là-bas, ce sont les docteurs de Paris qui lui ont « filé » le virus avec toutes leurs transfusions.

La maman, femme délicate et effacée, pleurait souvent. Dans sa détresse, elle me confia que son mari était dur, impitoyable avec ses ouvriers comme avec sa famille. Leur venue à Paris était aussi, pour lui, une occasion de se distraire et de découvrir les boîtes de nuit. Il s'ennuyait à l'hôpital et n'hésitait pas à y apporter du champagne et à nous inviter à le boire, en sa compagnie, à l'office. Pour fêter quoi, grand Dieu !...

Le jour vint où il fallut pratiquer sur l'enfant une transfusion de moelle, la maman se dévoua. Nous étions tous anxieux, sachant que les deux premières greffes avaient échoué. Lorsque la maman se réveilla, nous étions tous autour d'elle, professeurs, médecins, parents, immobiles et silencieux, le cœur battant, des fleurs plein les bras. L'enfant était mort, le père était au cinéma.

Tu avais subi plusieurs irradiations. Rouge, trempé, les cheveux collés sur le front par une très forte fièvre. De plus, nous étions début juillet et la chaleur était accablante. Tu étais sans réaction, tu peinais à respirer. La mort était à la porte. A ma grande surprise, le médecin te découvrit complètement et fit mettre des vessies de glace autour de ton corps ainsi que sur ta tête et ton ventre.

« Ainsi, mon fils, on te conservait dans la glace, tel un poisson. »

Je repensais à ce que tu me dis un jour avec une apparente désinvolture :

— Je vais mourir, ce n'est rien, Maman, je serai dans une belle boîte, ça m'est bien égal du moment que tu me mets mes petits ours et mes bricoles, mais tu feras attention que le croque-mort ne les prenne pas.

Un matin, tu eus envie d'un café au lait avec un croissant. Te faire plaisir, t'accorder une joie, je courus à la pâtisserie, mais de violentes nausées firent place à ton envie. Je te donnai la cuvette, c'était du sang. Tu le compris. Pour dissiper ton inquiétude, je trouvai une astuce : tu prenais des comprimés rouges... As-tu été dupe ? Tu n'avais plus la force de discuter, je lisais la lassitude dans tes yeux. Tu as gardé pour toi tes épouvantes.

Lorsque le professeur Y... passa, je lui montrai discrètement la cuvette. Il me fit signe de sortir et nous entraîna, ton père et moi, plus loin dans le couloir.

— C'est la fin, dit-il, c'est inutile d'insister. Avec courage, votre fils nous a aidés dans nos recherches, il a servi notre champ d'expérimentation, nous lui devons un dernier plaisir et je crois que pour lui ce serait de retrouver sa maison.

S'adressant à moi :

— Il en a encore pour quelques semaines, un mois peut-être. Donnez-lui à manger tout ce qui peut lui faire plaisir, ne prenez plus aucune précaution.

Je n'étais pas dupe. Je savais ton corps irradié et sans défense à la merci de toutes agressions extérieures.

« Ainsi tu m'auras épargné la pénible épreuve de la greffe », j'en éprouvais un lâche soulagement.

Te donner une dernière joie. Tendre comédienne, je retournai près de toi avec un grand sourire fabriqué, t'annonçant ta guérison et ton retour à la maison. Regard sceptique.

Ce furent les adieux. Lorsque le brancard glissa dans l'ambulance, l'infirmière qui t'aimait bien, des marches du Pavillon des condamnés, te fit adieu de la main. Je devinais qu'elle pleurait. Sur les portes refermées de l'ambulance, lut-elle le mot : FIN ?

Mais on te trompait difficilement. Tout le long du parcours, tu me disais :

— Je sais bien que je ne suis pas guéri, je sais bien que je ne suis pas comme les autres.

Mon dernier voyage dans Paris avec toi, ces rues de notre ville que tu ne reverrais plus. Ces boutiques de notre rue, la pharmacie du coin, où je prenais tes médicaments, la crèmerie, la librairie où, dès 7 heures le matin, tu allais chercher le journal de ton père. A l'entrée de l'immeuble, tu étais attendu, notre doctoresse, prévenue, était là, ainsi que tous tes petits amis de la cour. Tu fis un effort pour leur sourire.

Voulant te réserver une surprise, j'avais fait retapisser ta chambre, je n'avais pas pensé au grand miroir. Ce fut la première chose que tu vis, tu regardas ton visage et me dis d'un air triste :

— Tu vois bien que je ne suis pas comme les autres enfants.

Mentir, il me faudra te mentir jusqu'au bout.

— Veux-tu une preuve de ta guérison ? Tu peux manger tout ce dont tu as envie.

Tu désirais des crevettes et du chocolat. Quelle déception ce fut, ta bouche était tapissée d'aphtes, tout était brûlure. Découragé, tu pleuras.

Ton état s'aggrava. Le professeur X... vint te voir sur notre demande. Il passa un objet pointu sur la plante de tes pieds : absence totale de réflexes. Il confirma la catastrophe et nous dit, navré, son impuissance. Nous fîmes livrer, suivant son conseil, une bouteille d'oxygène qui fut placée à la tête de ton lit. Comment allions-nous t'expliquer et te faire admettre la présence de cet engin ? Nous dormions près de toi à tour de rôle, ton père et moi. Cette nuit-là, il était de garde. Il vint me réveiller :

— Viens vite, le petit suffoque.

Tes bras étaient agités de tremblements convulsifs d'une violence inouïe, de soubresauts, dont tu n'avais plus conscience. Nous étions là, muets et impuissants, suivant avec effroi cet horrible assaut de ton mal. Je revois les yeux de ton père élargis par l'épouvante devant ce spectacle insupportable. Affolés, nous ne savions que faire. Pensant que tu manquais d'air, nous te mîmes le masque à oxygène. Tu le repoussais, faisant aller ta tête de gauche à droite. Nous sûmes après que, croyant te venir en aide, nous t'avions plutôt étouffé. Comment pouvions-nous savoir ?

Je me levais souvent la nuit pour écouter ton souffle, je te regardais dormir. Je voyais battre le sang sur ton cou, cet endroit où j'aimais tant nicher mon visage pour y respirer ton odeur de bébé, cette odeur de malade à présent, odeur fade des transfusions. Là, sous ta peau si douce, vivaient, proliféraient nuit et jour, cette armée de monstres enthousiastes qui détruisaient à ton insu ton corps vaincu et sans défense. Je les imaginais, redoublant de férocité, accélérant la tuerie, enfonçant avec une voluptueuse ardeur leurs minuscules mâchoires dans ta chair désarmée. Il me semblait entendre dans le silence leur grignotement continu. Ainsi ton innocence allait être frappée, tu allais mourir, tu allais pourrir, mon bel amour. Ton beau visage, ta peau si douce, tes grands yeux noirs pleins de malice, ton sourire allaient pourrir.

« Pauvre visage sacrifié
Pauvre visage sans limites...
Tu rêvais de balcons de voiles
[de voyages
Tu rêvais de printemps de bai-
[sers de bonté
Mon beau visage dispersé. »

Je pensais aux sévérités de ton éducation, aux punitions. Ton père voulait te former, faire de toi « un homme », tout cela me paraît si dérisoire aujourd'hui. En forme d'étoile, la déchirure de la tapisserie, au-dessus de ton lit, il t'avait grondé. Quand le soir tu nous appelais, prétextant que tu ne pouvais dormir parce que tu entendais des bêtes sous ton lit, nous n'étions pas dupes, tu voulais une rallonge : notre présence, des caresses et des baisers. Nous t'imposions de dormir. A présent, tu dors...

Ton agonie dura huit jours, huit jours et huit nuits. Ton père et moi ne suffisions plus pour t'assister. Parents, voisins, amis se relayaient auprès de toi. La famille arriva de province.

Plusieurs appartements furent mis à sa disposition par des voisins. Malgré la fatigue il y avait en moi une énergie étonnante. Espoir plus fort que la raison. Lutter, lutter jusqu'au bout, combattre à tes côtés. Pour garder mon sang-froid je buvais du phénergan au flacon. Les autres me regardaient effarés, se demandant si j'étais devenue subitement insensible ou si la folie m'animait alors qu'il y avait en moi une douleur et un désespoir que j'aurais voulu hurler. Je venais m'allonger près de toi.

Me préparant au souvenir, je me soûlais de ton visage, de ta beauté, priant que le son de ta voix ne s'échappe pas de ma mémoire. De tout mon amour je te regardais dormir, je te regardais mourir. Parfois tu émergeais hagard d'un sommeil que je refusais de nommer coma. Quand tu reprenais conscience tu cherchais mes cheveux, t'y accrochais et les tirais de droite à gauche, scandant :

— Ma-man, ma-man, ma-man...

Mourir à ta place, mon fils.

Tu appelas ton frère, mais nous l'avions envoyé chez le mien dans les Landes, tu n'eus pas le réconfort de sa présence auprès de toi. Tu appelas aussi ton petit camarade de jeux, Christian. Etait-ce là le dernier éclair de lucidité avant la mort, dont j'avais entendu parler ? Tu parlas de ton compagnon Pan-Pan. Ce que tu ne sus pas, c'est que nous avons appris sa mort quelques jours avant la tienne.

Ce fut le 14 Juillet. Les pétards, les fanfares, les « petits tambours », c'est ainsi que tu appelais la fanfare municipale que tu aimais tant. Ils arrivaient dans notre rue. Je devins folle.

— Arrêtez, arrêtez ça ! Je ne veux pas qu'ils passent, je ne veux pas qu'il les entende !

Quelqu'un descendit — ton père ? un voisin ?

La fanfare passa sous nos fenêtres, silencieuse. Aujourd'hui ce souvenir me bouleverse encore.

Je n'aime plus le 14 Juillet, il n'est plus pour moi le symbole de la prise de la Bastille, de la joie populaire, mais celui de ton agonie.

L'air était lourd, la porte-fenêtre grande ouverte, le rideau volait doucement, les sons de la Neuvième symphonie montaient jusqu'à nous, « l'Hymne à la joie », quelle dérision ! Je veillais sur ta mort. Tu m'échappais, de moins en moins conscient. Tout endormi, tu m'appelas pourtant, ta main chercha la mienne et, plein d'inquiétude :

— Maman, on ne me fera plus jamais de misères ? Tu ne m'emmèneras plus à l'hôpital ?

Il me fut facile de te faire cette promesse, cette fois je ne te mentais pas.

Survint l'hémorragie buccale. Epuisé, le regard émergeant d'un autre monde, tu reposas ta tête sur l'oreiller pour récupérer, disant entre deux suées :

— J'ai encore beaucoup saigné.

Nous en vînmes aux calmants extrêmes, afin que tu perdes tout à fait conscience, il fallait que tu dormes, que tu sombres dans le vide pour ne pas assister à ta propre agonie.

Mon cousin, étudiant venu de province, passait son temps libre chez nous. Au cours de cette dure épreuve, il m'a bien souvent apporté son aide et son réconfort. Il te remontait de la cour sur son dos, ensemble nous établissions un planning de tes médicaments. Lorsqu'il fallait arrêter l'un d'entre eux et en commencer un autre, la transition ne devait pas être brutale. Nous établissions alors une balance progressive étalée sur plusieurs jours. C'était là une responsabilité. Je lisais avec inquiétude sur ton visage les stigmates d'une erreur possible. C'est aussi lui qui tapissa ta chambre, il se privait parfois de cantine pour t'acheter des timbres. Pour te faire plaisir, il avait rapporté de Lens son album de timbres français que tu consultais avec envie durant de longs moments. Te voyant au plus mal et voulant te procurer une dernière joie, il mit son album près de toi, te disant qu'il te le donnait. Tu ne réagis pas.

Nous dûmes faire appel à une infirmière. Afin que nous puissions changer tes draps, elle te prit dans ses bras et allongea sur ses genoux ton long corps nu et abandonné. Une Piéta avec toi !

Nous avions besoin d'une aiguille très fine, nous ne pouvions la trouver qu'à l'hôpital. Ton père n'hésita pas une seconde. Un voisin l'emmena. Je sus après qu'ils brûlèrent tous les feux. L'infirmière en chef de l'hôpital ne voulait pas prêter cette aiguille, le matériel ne doit pas sortir des services, c'est normal. Ton père lui prit l'aiguille des mains et partit comme un fou, disant :

— Vous ne me la donnez pas, je la prends.

En arrivant à la maison, il s'affala sur une chaise, dans la cuisine, épuisé, accablé, la tête dans les mains. Il demanda :

— Il vit toujours ?

Je ne vois jamais ce tableau de Van Gogh, représentant cet homme en sabots, affaissé sur une chaise, la tête dans les mains, intitulé « Au seuil de l'éternité » sans penser à ton père et à ton agonie.

Pendant qu'il était à l'hôpital, tu fis une importante hémorragie par le fondement.

Tous n'avaient qu'une idée en tête, abréger tes souffrances. Pour cela, il suffisait d'arrêter les transfusions. Dus-tu être horriblement vivant, je décidai de les continuer. Au risque de perdre ce combat, je devais le livrer jusqu'au bout. Tu vivais, tu respirais ; te garder le plus possible, gagner du temps, c'était là l'essentiel. Tous étaient indignés par mon attitude, je nourrissais ton mal, je prolongeais inutilement ton agonie. Quand ils comprirent que l'espoir était encore en moi, la « transfuseuse », Mme L., doctoresse attachée à l'hôpital, gentille et dévouée, qui alliait compétence et énergie et que tu aimais tant, marcha vers moi et me dit d'un ton ferme :

— Vous n'avez pas encore compris !

Alors je sus inexorablement que tu allais mourir.

Ce fut l'hallali. Je n'eus pas la force d'y assister jusqu'au bout. Ce fut la pleine débâcle, les hémorragies furent nasales, buccales, intestinales, si intenses que les murs en portaient encore la trace après ton départ. C'était la destruction complète et nous ne pouvions rien pour l'arrêter. Nous étions là, spectateurs muets, passifs, impuissants. Ta grand-mère ne quittait plus la salle de bains, lavant tes draps sans cesse souillés.

Folle, j'allais de long en large dans la cuisine, me tenant la tête dans les mains et répétant :

— Quel gâchis, mais quel gâchis !

19 juillet. 7 heures 30.

Abrutie par les calmants, les nuits de veille, le chagrin, je prenais un café dans la cuisine quand ton père ouvrit la porte doucement :

— Ma fille, c'est fini.

Ainsi tu es parti sans bruit, tu as rendu ton dernier soupir, celui-là même que j'avais tant retardé. Ainsi mon rôle était terminé, mon combat achevé, ma mission accomplie.

Mon fils irremplaçable était mort et le monde allait continuer sans lui.

Alors mes forces m'abandonnèrent. En mon être blessé, plus qu'un vide immense.

« Mon amour mon petit...
Tu n'avais rien de rien à faire
[avec la mort... »

Voir son enfant mort, c'est atteindre les limites de l'horreur. Ta tête entourée de bandelettes, je voulais embrasser ton front, tes yeux, ta joue, non, non et non, c'était mon enfant chaud que je voulais embrasser, non ce visage glacé, ce marbre froid. L'infirmière me demanda de quelle façon elle devait placer tes mains, à plat, l'une sur l'autre ou en position de prière. A plat, en position de repos. Après la violence de ton agonie, repose-toi, mon amour, dors, que le sommeil te soit oubli.

Le curé du quartier a cru bien faire en nous rendant visite. Nous l'avons remercié. A quoi bon.

Un homme est venu te mesurer, on livra ton cercueil, ta « boîte », disais-tu. Les démarches, mairie, pompes funèbres, lâchement, j'ai tout laissé à ton père.

Je n'ai pas voulu de faire-part : ton nom imprimé en noir, je trouvais cela sinistre.

Par contre, curieusement, j'ai trouvé la force d'écrire à tous ceux que j'aimais.

Je n'ai ni crié, ni pleuré, mon courage et ma volonté ont fait place à l'abattement.

On dut m'éloigner de la maison. Bourrée de calmants, de somnifères, j'ai dormi, deux, trois jours peut-être chez cette amie inspectrice de l'enseignement qui habitait un pavillon dans une rue calme, près de chez nous. Elle me soignait avec dévouement, ne quittait pas mon chevet et faisait préparer par sa cuisinière des petits plats appétissants que je me forçais à avaler pour lui faire plaisir. Je voyais briller à son doigt cette grosse pierre précieuse que tu convoitais tant. Dans le jardin où elle me fit faire quelques pas au soleil j'ai cueilli deux roses, j'ai demandé à ton père de les poser près de toi avec tes petits ours. Je n'ai pas voulu te voir dans ton cercueil.

Je ne voulais pas voir ton enterrement. Depuis un an, je repoussais cette idée. Notre amie insista. Je risquais de le regretter plus tard, disait-elle. Je refusais les rites de la mort, le noir surtout. Elle sortit de ses placards un manteau blanc et une mantille, je me laissai habiller. Ridicule.

Je me trouvais ridicule avec cette mantille blanche. Avais-je besoin de ce déguisement pour t'accompagner, j'aurais aimé y aller simplement, comme j'étais quand je te prenais par la main pour te conduire à l'école.

J'ai rejoint le cortège dans la cour de notre immeuble.

Ainsi tu étais là, dans ce triste fourgon ! Des fleurs blanches partout et tous ces regards de compassion fixés sur moi. Au cimetière, droguée, à demi consciente, vidée, déchirée, meurtrie, j'étais sans larmes. Tous nos amis étaient là, nos merveilleux amis. Je fus embrassée, passée, serrée de bras en bras. Je n'ai rien vu, ni le trou béant qui serait désormais ta demeure, ni ta descente en terre, ni entendu le bruit mat des fleurs tombant sur ton cercueil. Seul, mais combien bouleversant souvenir, un superbe coussin de fleurs blanches :

« A André, ses petits camarades de la cour. »

Souvenir de notre retour à l'appartement, tout au long de cet escalier qui ne porterait plus tes pas, des pétales de roses blanches ; je n'aime plus les fleurs blanches, elles sont pour moi le symbole de ta mort.

Retrouver le calme de ta chambre, ce vide, ce silence, tes jouets et tes livres figés par ton départ. Ton père me prit sur ses genoux ainsi qu'une petite fille. Délire du désespoir, je sanglotais, répétant sans cesse :

— Je veux qu'il revienne ! Je veux qu'il revienne !

Me glisser furtivement la nuit, là-bas, sortir ton affreuse boîte, l'ouvrir, te regarder une dernière fois... Qui aurait accepté de m'aider à accomplir cette folie ?

Ta première nuit loin de nous, ta première nuit en terre, je craignais pour toi, le froid, la pluie. La pluie surtout m'angoissait, il était si doux de l'entendre quand nous étions tous réunis dans la douce chaleur du foyer. A présent elle est la cause de cauchemars qui assaillent mon sommeil : la pierre tombale mal posée, le cercueil mal fermé, la pluie sur toi. Ou alors, on a enfin trouvé le remède miracle, vite, on te sort de ton affreuse boîte, on te fait un vaccin et tu revis. Amertume du réveil.

« Noir c'est mon nom quand je
[m'éveille...
Noir où la flèche s'est plantée...
Noir le gentil corps foudroyé
Noir le cœur pur de mon
[amour...
Cette envie folle de hurler
Ne cessera qu'avec ma voix. »

Le lendemain, la lecture du courrier, seul réconfort que l'amitié pouvait nous apporter. Nous eûmes la surprise et l'émotion de trouver une lettre du professeur X...

Chère Madame, cher Monsieur,

Je voudrais vous dire toute la part que je prends à votre peine. Tout au long de ce dur combat j'avais bien souvent admiré votre pauvre petit garçon, son intelligence exceptionnellement précoce et vive, sa gentillesse et son courage. Je demeure désolé de n'avoir pu lui apporter aucune aide vraiment efficace. En dépit de nos efforts la tâche est rude et il faudra bien des années encore pour parvenir au résultat souhaité...

Je vous prie d'accepter l'expression de ma très profonde sympathie.

Les consolations : « Vous avez l'autre... »

Les amis pouvaient-ils imaginer à quel point cette idée de remplacement m'exaspérait, accentuait mon désespoir.

Ce furent alors de longs jours d'abattement, meurtrie par tant de douloureux souvenirs, plus rien ne pouvait me distraire. Je n'avais même plus la ressource de la musique. Mon esprit s'échappait sans cesse de mes lectures, dans ma pauvre tête fatiguée, c'était le chaos.

Tout comme un enfant qui ne sait pas lire regarde des images je feuilletais des livres d'art. Pour combler ma boulimie, nos amis m'offrirent des collections entières. Je passais mes journées au Louvre ou au Musée des Impressionnistes, à tel point que les gardiens finissaient par me reconnaître et me saluer.

Par la suite je découvris la beauté bouleversante des poèmes de Paul Eluard sur la mort de Nush. Je me berçais de ses vers.

> « Et la mort entre en moi comme
> [dans un moulin...
> ... Mais la mort a rompu l'équi-
> [libre du temps
> La mort qui vient la mort qui
> [va la mort vécue
> La mort visible bois et mange à
> [mes dépens... »

Tant de ferveur passionnée me rendait la vie, je me sentais riche, riche de cette souffrance combien plus belle que ce néant de ceux qui n'ont rien à regretter qu'un néant encore plus grand.

Ainsi mon amour est en terre, mais sois tranquille, tu ne me quittes pas, tout me parle de toi, les objets, les lieux. J'ai quitté notre ville aujourd'hui. Il m'arrive parfois, quand le courage me prend, de passer en voiture dans notre rue. Rien n'a changé, la librairie où sagement tu attendais l'arrivée des taxis, la pharmacie où j'ai acheté tant de médicaments inutiles, et surtout notre immeuble. Le balcon de ta chambre d'agonisant, la cour ombragée où tu aimais tant te reposer, le stade qui ne signifie plus football mais solidarité, l'église dont les coups de dix-huit heures annonçaient pour ta plus grande joie mon retour du travail, vous couriez alors tous deux sur le balcon pour me guetter. Le marronnier illumine toujours le quartier de ses fleurs rouges, je lui en veux presque de t'avoir survécu.

Envie folle de faire cette promenade à pied, d'entrer dans la cour, mais peur d'être reconnue, de m'effondrer, d'avoir mal.

Envie folle aussi de retourner à l'hôpital, de revoir le couloir et les cellules.

Je n'ai pas respecté ma promesse, j'ai conservé tes « bricoles ».

« Ce sera pour mes enfants plus tard », disais-tu, objets tant aimés et abandonnés qui à présent me jettent dans le désespoir. Vivre, boire, manger, dormir, aimer, trahison encore. Trahison, la caresse du soleil sur mon corps. Notre cauchemar quotidien est aujourd'hui horriblement résolu.

Te garder mon fils, difforme, mais vivant !

C'est moi qui suis mutilée à présent, mutilée de toi, toi, mon si beau, si doux, si aimant petit garçon.

C'est moi qui suis en sursis à présent.

Je n'accepte pas, je n'accepterai jamais ta mort, la révolte est en moi qui ne s'éteindra qu'avec ma propre mort.

Rassure-toi, je ne suis pas devenue une

femme repliée sur son passé, vouée au culte des photos, la vie me passionne encore. Il m'a été à nouveau accordé de jouir du soleil, de me baigner de musique, de rire, de chanter, d'aimer.

Il m'est souvent arrivé de mentir par omission et par nécessité. Pas envie de dire, de raconter, d'expliquer. Longtemps je me suis constitué un domaine privé où nul ne pouvait entrer, où je vivais retranchée avec mes rêves, mes souvenirs. Alors, pourquoi ce récit ?

En te regardant mourir, je m'étais promis d'écrire. Ecrire pour me souvenir, me souvenir, pour vivre. Que n'ai-je tenu un journal depuis le premier jour de ta maladie ! Mais pouvais-je alors imaginer que tu mourrais ?

Que ce récit soit un cri d'amour, mais aussi un témoignage, un hommage rendu à ton courage qui m'a tant aidée au cours de ce long calvaire où je fus sans cesse partagée entre l'horreur et l'espoir.

ACHEVÉ D'IMPRIMER LE 5 SEPTEMBRE 1979
SUR LES PRESSES DE L'IMPRIMERIE HÉRISSEY
POUR LE COMPTE DE FRANCE LOISIRS
75015 — PARIS